To you, the fabulous person

Thank you very much for your support. If you enjoyed this book, we'd love to get your feedback on Amazon. We will be over the moon to know that we made you happy.

In a rare case, if the book that you have received was damaged or defectives, you may return the book to Amazon for a refund within 30 days of purchase.

Next, please drop us an email at monchanstudio@gmail.com, and we will replace the new book for you.

We'd love any feedback on how to make you even happier.

Blessed be,

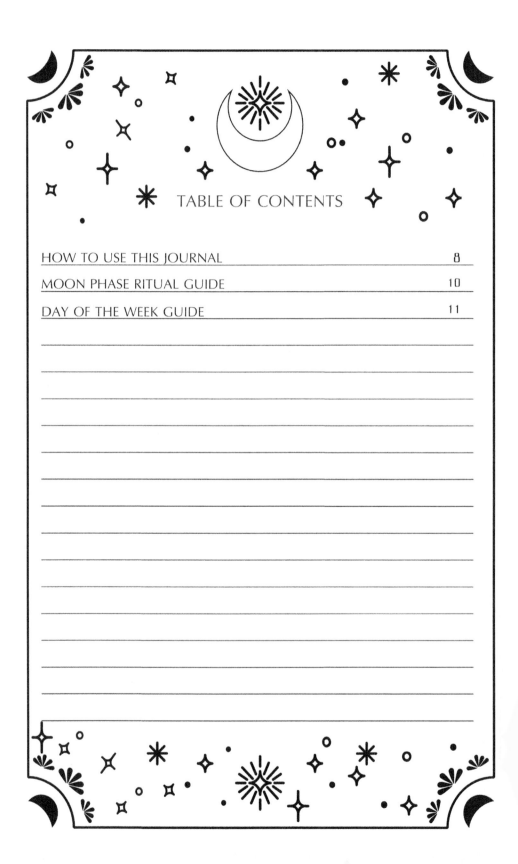

TABLE OF CONTENTS

TABLE OF CONTENTS
-2-

TABLE OF CONTENTS

-3-

_____

_____

_____

_____

_____

_____

_____

_____

_____

_____

_____

_____

_____

_____

_____

_____

_____

_____

_____

_____

_____

_____

_____

HOW TO USE THIS JOURNAL

The journal is organized as follows:

1. Customized table of content
2. Moon phase ritual guide
3. Days of the week guide
4. Blank dot grid for notes
5. Spell jar recording pages

The following are on the recording pages:

1. Spell name
2. Date - not necessary an actual casting date, it can be the date that you are studying or designing the spells.
3. Purpose/Intention

Be specific

Don't say "I want to be more financial stable", say "I want to earn at least $10,000 per month from my new online business."

No negative word

Remember, you don't think of an elephant because you will automatically think of an elephant. This will give the same result when you set your intentions on "Don't get sick", eventually sickness will be implanted in your consciousness.

Empowerment

Choose your words wisely. Let see these examples:

Example 1: "I want to be healthy." VS "I choose to be healthy."

When you "want" something, it indicates that you're "lacking" or "missing" that thing. When you can "choose" something, it means that you are in the position that allows you to choose.

HOW TO USE THIS JOURNAL
-2-

Example 2: "I hope to get a new job." VS "I am going to get a new job."

When you are hoping for something, it means there's uncertainty. To manifest what you desire, you need to have clear intentions. Avoid vagueness totally.

Some recommended expressions include: "I choose", "I will", "I know", "I am going to".

4. Casting date – the actual casting date.
5. Casting time – the actual casting time.
6. Moon phase – moon phase of the casting date.
7. Day – corresponding day of the week.
8. Ingredients section – it can be used as the ingredient check list.
   You can cross the little box one by one after you obtain the ingredients.
9. Instruction section – for recording the casting instruction.
10. Location – some spell jars are required to stay or be buried at the specific place. This is the space to note that.
11. Design – to draw and color your spell jars.
12. Note – a free space for writing down your experience during the ritual, tracking results, before and after mind and body energy etc.
13. Rate this spell – this is for future reference, to know which spells you'll like to perform again.

Every one of us was born with different energies and unique talent, thus there will be some spells you can perform with ease and some that may weaken you. Please take your time to discover your power. Don't rush. Just relax. I wish you a pleasant journey.

Blessed Be,

Mystic Celestial Star

MOON PHASE RITUAL GUIDE

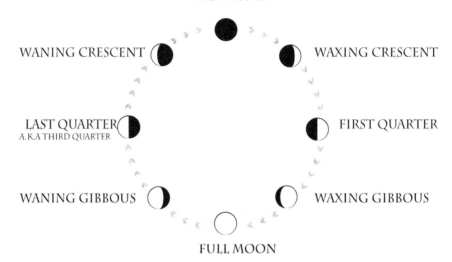

NEW MOON

WANING CRESCENT · WAXING CRESCENT

LAST QUARTER
A.K.A THIRD QUARTER · FIRST QUARTER

WANING GIBBOUS · WAXING GIBBOUS

FULL MOON

NEW MOON (RESET)

TO DO:
- SET YOUR INTENTIONS
- PLANT SEEDS
- CLEANSE STAGNANT ENERGY
- CREATE SACRED SPACE

WAXING CRESCENT (REFINE)

TO DO:
- POLISH YOUR INTENTION
- REFINE YOUR IDEA
- WRITE DOWN YOUR PLANS
- PRACTICE MONEY/CAREER SPELLS

FIRST QUARTER (INITIATE)

TO DO:
- PUTTING PLANS INTO ACTION
- ATTRACTION MAGIC
- PERFORM LOVE/LUCK/HEALING
  SPELLS

WAXING GIBBOUS (PATIENCE)

TO DO:
- ALIGN YOUR DESIRES WITH
  THE UNIVERSE AND TRUST IT
- MANIFEST RITUAL

FULL MOON (CELEBRATE)

TO DO:
- DIVINATION
- HARVEST YOUR PRODUCE
- FULL MOON BATH RITUAL
- CHARGE CRYSTALS/TAROT DECKS

WANING GIBBOUS (GRATITUDE)

TO DO:
- GIVE AND RECEIVE
- PURIFY NEGATIVE ENERGIES
- UNDOING BINDINGS OR CURSES
- PRACTICE GRATITUDE RITUAL

LAST QUARTER (TRANSFORM)

TO DO:
- BALANCE YOUR MIND AND
  BODY WELLNESS
- BREAK BAD HABITS
- BREAK CURSES

WANING CRESCENT (REFLECT)

TO DO:
- REFLECT YOUR TRANSFORMATION
- GIVE IN AND TRUST THE UNIVERSE
- READY NEW SEEDS TO BE PLANTED
- REST, BLUE SCREEN DETOX

DAY OF THE WEEK GUIDE

Each day of the week is governed specially by each unique planet, where each planet emits different magical energy. Each day has its own associate deities and power.

By combining the corresponding day with the moon phase, you'll be able to identify which day will provide you the best suitable energy for your rituals.

For example, full moon on Monday = high divination power = tarot reading.

DAY	PLANET	DEITIES	TYPE OF SPELLS/RITUAL
Sunday	Sun	Helios, Apollo, Phoebe	fame, promotion, wealth, power
Monday	Moon	Atemis, Diana, Luna	agriculture, abundance, journey, divination
Tuesday	Mars	Ares, Mars, Tyr	competition, strength, success, protection
Wednesday	Mercury	Hermes, Mercury, Odin	communication, luck, mind, transportation
Thursday	Jupiter	Thor, Juno, Jupiter	healing, prosperity, self - improvement
Friday	Venus	Aphrodite, Venus, Frigga	art, friendship, love, romance, music
Saturday	Saturn	Saturn, Cronos, Hecate	cleansing, protection, ending, exorcism

SPELL NAME _____ DATE _____

PURPOSE/INTENTION _____

_____

_____

_____

CASTING DATE _____ CASTING TIME _____

MOON PHASE ☐● ☐◐ ☐◑ ☐◔ ☐○ ☐◯ ☐◑ ☐●

DAY ☐MON ☐TUE ☐WED ☐THU ☐FRI ☐SAT ☐SUN

INGREDIENTS

☐ 1 _____ ☐ 6 _____

☐ 2 _____ ☐ 7 _____

☐ 3 _____ ☐ 8 _____

☐ 4 _____ ☐ 9 _____

☐ 5 _____ ☐ 10 _____

INSTRUCTION

_____

_____

_____

_____

_____

_____

_____

_____

_____

_____

LOCATION _____

_____

_____

DESIGN

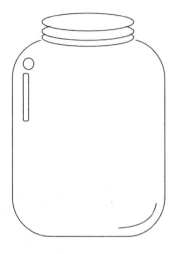

NOTE _____
_____
_____
_____
_____
_____
_____
_____
_____
_____
_____
_____

RATE THIS SPELL ☆☆☆☆☆

SPELL NAME _____ DATE _____

PURPOSE/INTENTION _____

_____

_____

_____

CASTING DATE _____ CASTING TIME _____

MOON PHASE ☐● ☐◑ ☐◐ ☐◖ ☐○ ☐◗ ☐◐ ☐◑

DAY ☐MON ☐TUE ☐WED ☐THU ☐FRI ☐SAT ☐SUN

INGREDIENTS

☐ 1 _____ ☐ 6 _____

☐ 2 _____ ☐ 7 _____

☐ 3 _____ ☐ 8 _____

☐ 4 _____ ☐ 9 _____

☐ 5 _____ ☐10 _____

INSTRUCTION

_____

_____

_____

_____

_____

_____

_____

_____

_____

_____

_____

LOCATION _____

_____

_____

DESIGN

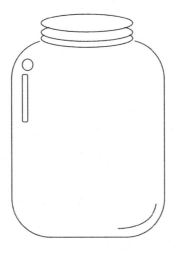

NOTE _____

_____

_____

_____

_____

_____

_____

_____

_____

_____

_____

RATE THIS SPELL ☆☆☆☆☆

SPELL NAME _____ DATE _____

PURPOSE/INTENTION _____

_____

_____

_____

CASTING DATE _____ CASTING TIME _____

MOON PHASE ☐● ☐◑ ☐◐ ☐◖ ☐○ ☐○ ☐◑ ☐◐

DAY ☐MON ☐TUE ☐WED ☐THU ☐FRI ☐SAT ☐SUN

INGREDIENTS

☐ 1 _____ ☐ 6 _____

☐ 2 _____ ☐ 7 _____

☐ 3 _____ ☐ 8 _____

☐ 4 _____ ☐ 9 _____

☐ 5 _____ ☐ 10 _____

INSTRUCTION

_____

_____

_____

_____

_____

_____

_____

_____

_____

_____

LOCATION _____

_____

_____

DESIGN

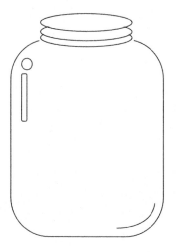

NOTE _____
_____
_____
_____
_____
_____
_____
_____
_____
_____
_____
_____

RATE THIS SPELL ☆☆☆☆☆

SPELL NAME _____ DATE _____

PURPOSE/INTENTION _____
_____
_____
_____

CASTING DATE _____ CASTING TIME _____

MOON PHASE ☐● ☐◑ ☐◑ ☐◐ ☐○ ☐○ ☐◑ ☐◐

DAY ☐MON ☐TUE ☐WED ☐THU ☐FRI ☐SAT ☐SUN

INGREDIENTS

☐ 1 _____ ☐ 6 _____

☐ 2 _____ ☐ 7 _____

☐ 3 _____ ☐ 8 _____

☐ 4 _____ ☐ 9 _____

☐ 5 _____ ☐ 10 _____

INSTRUCTION
_____
_____
_____
_____
_____
_____
_____
_____
_____
_____
_____

LOCATION _____
_____
_____

DESIGN

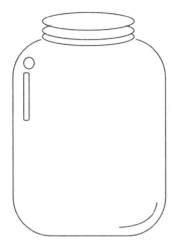

NOTE _____

_____

_____

_____

_____

_____

_____

_____

_____

_____

_____

RATE THIS SPELL ☆☆☆☆☆

SPELL NAME _____ DATE _____

PURPOSE/INTENTION _____

_____

_____

_____

CASTING DATE _____ CASTING TIME _____

MOON PHASE　　☐● 　☐◑ 　☐◐ 　☐◔ 　☐○ 　☐◑ 　☐◑ 　☐●

DAY　　　　　　☐MON ☐TUE ☐WED ☐THU ☐FRI ☐SAT ☐SUN

INGREDIENTS

☐ 1 _____ ☐ 6 _____

☐ 2 _____ ☐ 7 _____

☐ 3 _____ ☐ 8 _____

☐ 4 _____ ☐ 9 _____

☐ 5 _____ ☐ 10 _____

INSTRUCTION

_____

_____

_____

_____

_____

_____

_____

_____

_____

_____

LOCATION _____

_____

_____

DESIGN

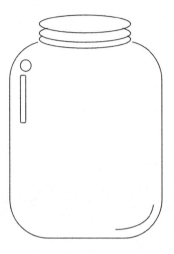

NOTE _____

_____

_____

_____

_____

_____

_____

_____

_____

_____

_____

_____

_____

RATE THIS SPELL   ☆☆☆☆☆

SPELL NAME _____ DATE _____

PURPOSE/INTENTION _____

_____

_____

_____

CASTING DATE _____ CASTING TIME _____

MOON PHASE ☐● ☐◑ ☐◐ ☐◑ ☐○ ☐○ ☐◑ ☐◐

DAY   ☐MON ☐TUE ☐WED ☐THU ☐FRI ☐SAT ☐SUN

INGREDIENTS

☐ 1 _____ ☐ 6 _____

☐ 2 _____ ☐ 7 _____

☐ 3 _____ ☐ 8 _____

☐ 4 _____ ☐ 9 _____

☐ 5 _____ ☐ 10 _____

INSTRUCTION

_____

_____

_____

_____

_____

_____

_____

_____

_____

_____

_____

LOCATION _____

_____

_____

DESIGN

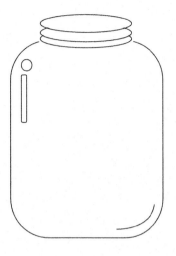

NOTE _____
_____
_____
_____
_____
_____
_____
_____
_____
_____
_____
_____

RATE THIS SPELL   ☆☆☆☆☆

SPELL NAME _____ DATE _____

PURPOSE/INTENTION _____

_____

_____

_____

CASTING DATE _____ CASTING TIME _____

MOON PHASE ☐● ☐◑ ☐◐ ☐◑ ☐○ ☐◔ ☐◑ ☐●

DAY ☐MON ☐TUE ☐WED ☐THU ☐FRI ☐SAT ☐SUN

INGREDIENTS

☐ 1 _____   ☐ 6 _____

☐ 2 _____   ☐ 7 _____

☐ 3 _____   ☐ 8 _____

☐ 4 _____   ☐ 9 _____

☐ 5 _____   ☐ 10 _____

INSTRUCTION

_____

_____

_____

_____

_____

_____

_____

_____

_____

_____

LOCATION _____

_____

_____

DESIGN

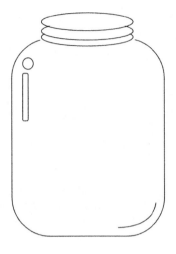

NOTE _____
_____
_____
_____
_____
_____
_____
_____
_____
_____
_____
_____

RATE THIS SPELL ☆☆☆☆☆

SPELL NAME _____ DATE _____

PURPOSE/INTENTION _____

_____

_____

_____

CASTING DATE _____ CASTING TIME _____

MOON PHASE ☐● ☐◑ ☐◐ ☐◖ ☐○ ☐◗ ☐◐ ☐●

DAY ☐MON ☐TUE ☐WED ☐THU ☐FRI ☐SAT ☐SUN

INGREDIENTS

☐ 1 _____ ☐ 6 _____

☐ 2 _____ ☐ 7 _____

☐ 3 _____ ☐ 8 _____

☐ 4 _____ ☐ 9 _____

☐ 5 _____ ☐ 10 _____

INSTRUCTION

_____

_____

_____

_____

_____

_____

_____

_____

_____

_____

LOCATION _____

_____

_____

DESIGN

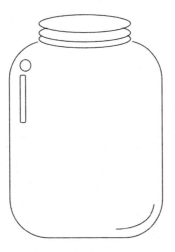

ATE THIS SPELL ☆☆☆☆☆

SPELL NAME _____ DATE _____

PURPOSE/INTENTION _____
_____
_____
_____

CASTING DATE _____ CASTING TIME _____

MOON PHASE ☐● ☐◑ ☐◑ ☐◐ ☐○ ☐○ ☐◐ ☐◑

DAY ☐MON ☐TUE ☐WED ☐THU ☐FRI ☐SAT ☐SUN

INGREDIENTS

☐ 1 _____   ☐ 6 _____
☐ 2 _____   ☐ 7 _____
☐ 3 _____   ☐ 8 _____
☐ 4 _____   ☐ 9 _____
☐ 5 _____   ☐ 10 _____

INSTRUCTION

_____
_____
_____
_____
_____
_____
_____
_____
_____
_____
_____

LOCATION _____
_____
_____

DESIGN

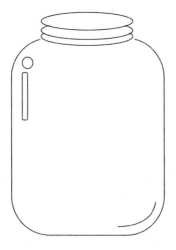

NOTE _____

_____

_____

_____

_____

_____

_____

_____

_____

_____

_____

RATE THIS SPELL ☆☆☆☆☆

SPELL NAME _____ DATE _____

PURPOSE/INTENTION _____

_____

_____

_____

CASTING DATE _____ CASTING TIME _____

MOON PHASE ☐● ☐◑ ☐◐ ☐◖ ☐○ ☐◗ ☐◑ ☐◐

DAY ☐MON ☐TUE ☐WED ☐THU ☐FRI ☐SAT ☐SUN

INGREDIENTS

☐ 1 _____ ☐ 6 _____

☐ 2 _____ ☐ 7 _____

☐ 3 _____ ☐ 8 _____

☐ 4 _____ ☐ 9 _____

☐ 5 _____ ☐ 10 _____

INSTRUCTION

_____

_____

_____

_____

_____

_____

_____

_____

_____

_____

_____

LOCATION _____

_____

_____

DESIGN

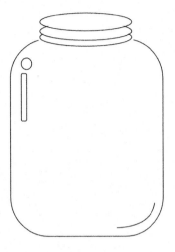

NOTE _____

_____

_____

_____

_____

_____

_____

_____

_____

_____

_____

_____

RATE THIS SPELL ☆☆☆☆☆

SPELL NAME _____ DATE _____

PURPOSE/INTENTION _____

_____

_____

_____

CASTING DATE _____ CASTING TIME _____

MOON PHASE   □● □◑ □◑ □◐ □○ □○ □◑ □●

DAY   □MON □TUE □WED □THU □FRI □SAT □SUN

INGREDIENTS

□ 1 _____ □ 6 _____

□ 2 _____ □ 7 _____

□ 3 _____ □ 8 _____

□ 4 _____ □ 9 _____

□ 5 _____ □ 10 _____

INSTRUCTION

_____

_____

_____

_____

_____

_____

_____

_____

_____

_____

LOCATION _____

_____

_____

DESIGN

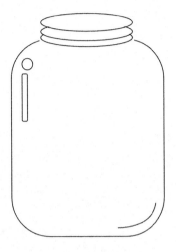

NOTE

ATE THIS SPELL ☆☆☆☆☆

SPELL NAME _____ DATE _____

PURPOSE/INTENTION _____

_____

_____

_____

CASTING DATE _____ CASTING TIME _____

MOON PHASE ☐● ☐◑ ☐◐ ☐◐ ☐○ ☐○ ☐◑ ☐●

DAY ☐MON ☐TUE ☐WED ☐THU ☐FRI ☐SAT ☐SUN

INGREDIENTS

☐ 1 _____ ☐ 6 _____

☐ 2 _____ ☐ 7 _____

☐ 3 _____ ☐ 8 _____

☐ 4 _____ ☐ 9 _____

☐ 5 _____ ☐ 10 _____

INSTRUCTION

_____

_____

_____

_____

_____

_____

_____

_____

_____

_____

LOCATION _____

_____

_____

DESIGN

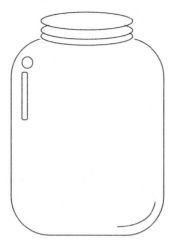

NOTE _____

_____

_____

_____

_____

_____

_____

_____

_____

_____

_____

_____

RATE THIS SPELL   ☆☆☆☆☆

SPELL NAME _____ DATE _____

PURPOSE/INTENTION _____

_____

_____

_____

CASTING DATE _____ CASTING TIME _____

MOON PHASE   ☐● ☐◑ ☐◑ ☐◐ ☐○ ☐◑ ☐◐ ☐◑

DAY   ☐MON ☐TUE ☐WED ☐THU ☐FRI ☐SAT ☐SUN

INGREDIENTS

☐ 1 _____ ☐ 6 _____

☐ 2 _____ ☐ 7 _____

☐ 3 _____ ☐ 8 _____

☐ 4 _____ ☐ 9 _____

☐ 5 _____ ☐ 10 _____

INSTRUCTION

_____

_____

_____

_____

_____

_____

_____

_____

_____

_____

_____

LOCATION _____

_____

_____

DESIGN

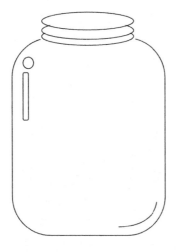

NOTE _____

_____

_____

_____

_____

_____

_____

_____

_____

_____

_____

RATE THIS SPELL ☆☆☆☆☆

SPELL NAME _____ DATE _____

PURPOSE/INTENTION _____

_____

_____

_____

CASTING DATE _____ CASTING TIME _____

MOON PHASE ☐● ☐◐ ☐◑ ☐◗ ☐○ ☐◖ ☐◑ ☐◐

DAY ☐MON ☐TUE ☐WED ☐THU ☐FRI ☐SAT ☐SUN

INGREDIENTS

☐ 1 _____ ☐ 6 _____

☐ 2 _____ ☐ 7 _____

☐ 3 _____ ☐ 8 _____

☐ 4 _____ ☐ 9 _____

☐ 5 _____ ☐ 10 _____

INSTRUCTION

_____

_____

_____

_____

_____

_____

_____

_____

_____

_____

LOCATION _____

_____

_____

DESIGN

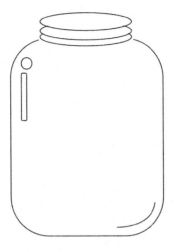

_____

_____

_____

_____

_____

_____

_____

_____

_____

_____

RATE THIS SPELL   ☆☆☆☆☆

SPELL NAME _____ DATE _____

PURPOSE/INTENTION _____
_____
_____
_____

CASTING DATE _____ CASTING TIME _____

MOON PHASE ☐● ☐◐ ☐◑ ☐◖ ☐○ ☐◗ ☐◐ ☐●

DAY ☐MON ☐TUE ☐WED ☐THU ☐FRI ☐SAT ☐SUN

INGREDIENTS

☐ 1 _____ ☐ 6 _____

☐ 2 _____ ☐ 7 _____

☐ 3 _____ ☐ 8 _____

☐ 4 _____ ☐ 9 _____

☐ 5 _____ ☐ 10 _____

INSTRUCTION
_____
_____
_____
_____
_____
_____
_____
_____
_____
_____

LOCATION _____
_____
_____

DESIGN

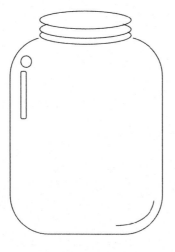

NOTE _____

_____

_____

_____

_____

_____

_____

_____

_____

_____

_____

RATE THIS SPELL ☆☆☆☆☆

SPELL NAME _____ DATE _____

PURPOSE/INTENTION _____

_____

_____

_____

CASTING DATE _____ CASTING TIME _____

MOON PHASE ☐● ☐◑ ☐◑ ☐◐ ☐○ ☐○ ☐◐ ☐◑

DAY ☐MON ☐TUE ☐WED ☐THU ☐FRI ☐SAT ☐SUN

INGREDIENTS

☐ 1 _____ ☐ 6 _____

☐ 2 _____ ☐ 7 _____

☐ 3 _____ ☐ 8 _____

☐ 4 _____ ☐ 9 _____

☐ 5 _____ ☐ 10 _____

INSTRUCTION

_____

_____

_____

_____

_____

_____

_____

_____

_____

_____

LOCATION _____

_____

_____

DESIGN

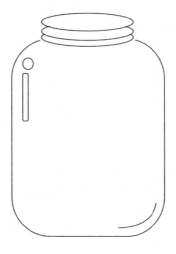

NOTE _____

_____

_____

_____

_____

_____

_____

_____

_____

_____

_____

RATE THIS SPELL   ☆☆☆☆☆

SPELL NAME _____ DATE _____

PURPOSE/INTENTION _____

_____

_____

_____

CASTING DATE _____ CASTING TIME _____

MOON PHASE   ☐● ☐◐ ☐◐ ☐◐ ☐○ ☐○ ☐◐ ☐◑

DAY   ☐MON ☐TUE ☐WED ☐THU ☐FRI ☐SAT ☐SUN

INGREDIENTS

☐ 1 _____ ☐ 6 _____

☐ 2 _____ ☐ 7 _____

☐ 3 _____ ☐ 8 _____

☐ 4 _____ ☐ 9 _____

☐ 5 _____ ☐ 10 _____

INSTRUCTION

_____

_____

_____

_____

_____

_____

_____

_____

_____

_____

_____

LOCATION _____

_____

_____

ESIGN

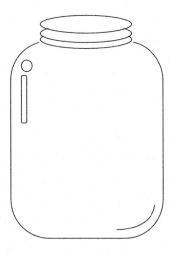

OTE _____

_____

_____

_____

_____

_____

_____

_____

_____

_____

_____

ATE THIS SPELL ☆☆☆☆☆

SPELL NAME _____ DATE _____

PURPOSE/INTENTION _____

_____

_____

_____

CASTING DATE _____ CASTING TIME _____

MOON PHASE ☐● ☐◑ ☐◐ ☐◖ ☐○ ☐◗ ☐◑ ☐◕

DAY ☐MON ☐TUE ☐WED ☐THU ☐FRI ☐SAT ☐SUN

INGREDIENTS

☐ 1 _____ ☐ 6 _____

☐ 2 _____ ☐ 7 _____

☐ 3 _____ ☐ 8 _____

☐ 4 _____ ☐ 9 _____

☐ 5 _____ ☐ 10 _____

INSTRUCTION

_____

_____

_____

_____

_____

_____

_____

_____

_____

_____

LOCATION _____

_____

_____

DESIGN

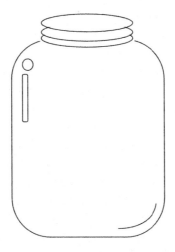

NOTE _____

_____

_____

_____

_____

_____

_____

_____

_____

_____

RATE THIS SPELL ☆☆☆☆☆

SPELL NAME _____ DATE _____

PURPOSE/INTENTION _____

_____

_____

_____

CASTING DATE _____ CASTING TIME _____

MOON PHASE □● □◐ □◑ □◒ □○ □◓ □◑ □◐

DAY □MON □TUE □WED □THU □FRI □SAT □SUN

INGREDIENTS

□ 1 _____ □ 6 _____

□ 2 _____ □ 7 _____

□ 3 _____ □ 8 _____

□ 4 _____ □ 9 _____

□ 5 _____ □ 10 _____

INSTRUCTION

_____

_____

_____

_____

_____

_____

_____

_____

_____

_____

LOCATION _____

_____

_____

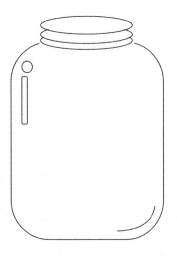

NOTE _____

_____

_____

_____

_____

_____

_____

_____

_____

_____

_____

RATE THIS SPELL ☆☆☆☆☆

- 53 -

SPELL NAME _____ DATE _____

PURPOSE/INTENTION _____

_____

_____

_____

CASTING DATE _____ CASTING TIME _____

MOON PHASE   □● □◑ □◐ □◖ □○ □◗ □◐ □◑

DAY   □MON □TUE □WED □THU □FRI □SAT □SUN

INGREDIENTS

□ 1 _____ □ 6 _____

□ 2 _____ □ 7 _____

□ 3 _____ □ 8 _____

□ 4 _____ □ 9 _____

□ 5 _____ □ 10 _____

INSTRUCTION

_____

_____

_____

_____

_____

_____

_____

_____

_____

_____

LOCATION _____

_____

_____

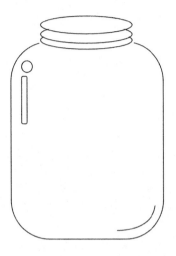

NOTE

RATE THIS SPELL ☆☆☆☆☆

SPELL NAME _____ DATE_____

PURPOSE/INTENTION _____

_____

_____

_____

CASTING DATE _____ CASTING TIME_____

MOON PHASE   ☐● ☐◑ ☐◑ ☐◐ ☐○ ☐○ ☐◑ ☐●

DAY   ☐MON ☐TUE ☐WED ☐THU ☐FRI ☐SAT ☐SUN

INGREDIENTS

☐ 1 _____   ☐ 6 _____

☐ 2 _____   ☐ 7 _____

☐ 3 _____   ☐ 8 _____

☐ 4 _____   ☐ 9 _____

☐ 5 _____   ☐ 10 _____

INSTRUCTION

_____

_____

_____

_____

_____

_____

_____

_____

_____

_____

_____

LOCATION_____

_____

_____

DESIGN

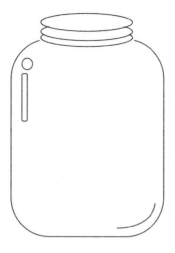

NOTE _____

_____

_____

_____

_____

_____

_____

_____

_____

_____

_____

RATE THIS SPELL ☆☆☆☆☆

SPELL NAME _____ DATE _____

PURPOSE/INTENTION _____

_____

_____

_____

CASTING DATE _____ CASTING TIME _____

MOON PHASE ☐● ☐◐ ☐◑ ☐◔ ☐○ ☐◔ ☐◐ ☐◐

DAY ☐MON ☐TUE ☐WED ☐THU ☐FRI ☐SAT ☐SUN

INGREDIENTS

☐ 1 _____ ☐ 6 _____

☐ 2 _____ ☐ 7 _____

☐ 3 _____ ☐ 8 _____

☐ 4 _____ ☐ 9 _____

☐ 5 _____ ☐ 10 _____

INSTRUCTION

_____

_____

_____

_____

_____

_____

_____

_____

_____

_____

_____

LOCATION _____

_____

_____

DESIGN

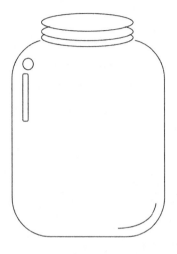

NOTE _____

_____

_____

_____

_____

_____

_____

_____

_____

_____

_____

_____

RATE THIS SPELL   ☆☆☆☆☆

SPELL NAME _____ DATE _____

PURPOSE/INTENTION _____

_____

_____

_____

CASTING DATE _____ CASTING TIME _____

MOON PHASE ☐● ☐◑ ☐◐ ☐◖ ☐○ ☐◗ ☐◐ ☐◑

DAY ☐MON ☐TUE ☐WED ☐THU ☐FRI ☐SAT ☐SUN

INGREDIENTS

☐ 1 _____ ☐ 6 _____

☐ 2 _____ ☐ 7 _____

☐ 3 _____ ☐ 8 _____

☐ 4 _____ ☐ 9 _____

☐ 5 _____ ☐10 _____

INSTRUCTION

_____

_____

_____

_____

_____

_____

_____

_____

_____

LOCATION _____

_____

_____

DESIGN

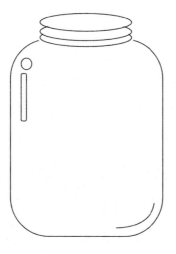

NOTE _____

_____

_____

_____

_____

_____

_____

_____

_____

_____

_____

_____

ATE THIS SPELL ☆☆☆☆☆

SPELL NAME _____ DATE _____

PURPOSE/INTENTION _____

_____

_____

_____

CASTING DATE _____ CASTING TIME _____

MOON PHASE ☐● ☐◑ ☐◐ ☐◖ ☐○ ☐○ ☐◔ ☐◕

DAY ☐MON ☐TUE ☐WED ☐THU ☐FRI ☐SAT ☐SUN

INGREDIENTS

☐ 1 _____ ☐ 6 _____

☐ 2 _____ ☐ 7 _____

☐ 3 _____ ☐ 8 _____

☐ 4 _____ ☐ 9 _____

☐ 5 _____ ☐ 10 _____

INSTRUCTION

_____

_____

_____

_____

_____

_____

_____

_____

_____

_____

LOCATION _____

_____

_____

DESIGN

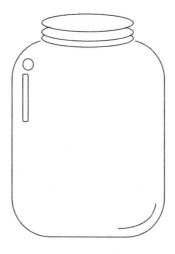

NOTE _____

_____

_____

_____

_____

_____

_____

_____

_____

_____

_____

RATE THIS SPELL   ☆☆☆☆☆

SPELL NAME _____ DATE_____

PURPOSE/INTENTION _____

_____

_____

_____

CASTING DATE _____ CASTING TIME_____

MOON PHASE ☐● ☐◕ ☐◑ ☐◔ ☐○ ☐◖ ☐◑ ☐◗

DAY ☐MON ☐TUE ☐WED ☐THU ☐FRI ☐SAT ☐SUN

INGREDIENTS

☐ 1 _____ ☐ 6 _____

☐ 2 _____ ☐ 7 _____

☐ 3 _____ ☐ 8 _____

☐ 4 _____ ☐ 9 _____

☐ 5 _____ ☐ 10 _____

INSTRUCTION

_____

_____

_____

_____

_____

_____

_____

_____

_____

_____

LOCATION_____

_____

_____

DESIGN

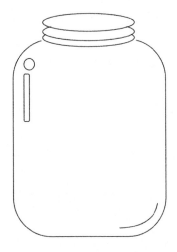

NOTE _____
_____
_____
_____
_____
_____
_____
_____
_____
_____
_____
_____
_____

RATE THIS SPELL   ☆☆☆☆☆

SPELL NAME _____ DATE _____

PURPOSE/INTENTION _____

_____

_____

_____

CASTING DATE _____ CASTING TIME _____

MOON PHASE ☐● ☐◑ ☐◑ ☐◐ ☐○ ☐○ ☐◑ ☐●

DAY ☐MON ☐TUE ☐WED ☐THU ☐FRI ☐SAT ☐SUN

INGREDIENTS

☐ 1 _____ ☐ 6 _____

☐ 2 _____ ☐ 7 _____

☐ 3 _____ ☐ 8 _____

☐ 4 _____ ☐ 9 _____

☐ 5 _____ ☐ 10 _____

INSTRUCTION

_____

_____

_____

_____

_____

_____

_____

_____

_____

_____

LOCATION _____

_____

_____

DESIGN

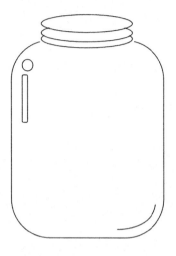

NOTE _____

_____

_____

_____

_____

_____

_____

_____

_____

_____

_____

_____

_____

_____

RATE THIS SPELL ☆☆☆☆☆

SPELL NAME _____ DATE_____

PURPOSE/INTENTION _____

_____

_____

_____

CASTING DATE _____ CASTING TIME_____

MOON PHASE ☐● ☐◐ ☐◑ ☐◐ ☐○ ☐○ ☐◑ ☐◐

DAY ☐MON ☐TUE ☐WED ☐THU ☐FRI ☐SAT ☐SUN

INGREDIENTS

☐ 1 _____ ☐ 6 _____

☐ 2 _____ ☐ 7 _____

☐ 3 _____ ☐ 8 _____

☐ 4 _____ ☐ 9 _____

☐ 5 _____ ☐ 10 _____

INSTRUCTION

_____

_____

_____

_____

_____

_____

_____

_____

_____

_____

LOCATION_____

_____

_____

DESIGN

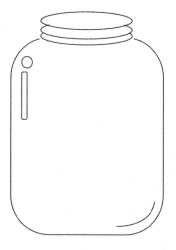

NOTE _____

_____

_____

_____

_____

_____

_____

_____

_____

_____

_____

_____

RATE THIS SPELL   ☆☆☆☆☆

SPELL NAME _____ DATE _____

PURPOSE/INTENTION _____

_____

_____

_____

CASTING DATE _____ CASTING TIME _____

MOON PHASE □● □◐ □◑ □◒ □○ □◐ □◑ □◐

DAY □MON □TUE □WED □THU □FRI □SAT □SUN

INGREDIENTS

□ 1 _____ □ 6 _____

□ 2 _____ □ 7 _____

□ 3 _____ □ 8 _____

□ 4 _____ □ 9 _____

□ 5 _____ □ 10 _____

INSTRUCTION

_____

_____

_____

_____

_____

_____

_____

_____

_____

_____

LOCATION _____

_____

_____

DESIGN

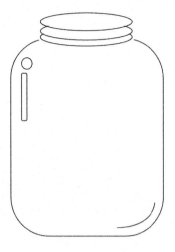

NOTE _____

_____

_____

_____

_____

_____

_____

_____

_____

_____

_____

RATE THIS SPELL ☆☆☆☆☆

SPELL NAME _____ DATE _____

PURPOSE/INTENTION _____

_____

_____

_____

CASTING DATE _____ CASTING TIME _____

MOON PHASE □● □◐ □◐ □◑ □○ □○ □◐ □◐

DAY   □MON □TUE □WED □THU □FRI □SAT □SUN

INGREDIENTS

□ 1 _____   □ 6 _____

□ 2 _____   □ 7 _____

□ 3 _____   □ 8 _____

□ 4 _____   □ 9 _____

□ 5 _____   □ 10 _____

INSTRUCTION

_____

_____

_____

_____

_____

_____

_____

_____

_____

_____

_____

LOCATION _____

_____

_____

DESIGN

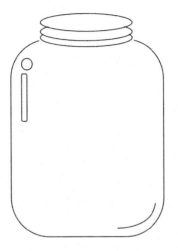

NOTE _____

_____
_____
_____
_____
_____
_____
_____
_____
_____
_____
_____

ATE THIS SPELL   ☆☆☆☆☆

SPELL NAME _____ DATE _____

PURPOSE/INTENTION _____

_____

_____

_____

CASTING DATE _____ CASTING TIME _____

MOON PHASE ☐● ☐◑ ☐◐ ☐◖ ☐○ ☐○ ☐◑ ☐◐

DAY ☐MON ☐TUE ☐WED ☐THU ☐FRI ☐SAT ☐SUN

INGREDIENTS

☐ 1 _____   ☐ 6 _____

☐ 2 _____   ☐ 7 _____

☐ 3 _____   ☐ 8 _____

☐ 4 _____   ☐ 9 _____

☐ 5 _____   ☐ 10 _____

INSTRUCTION

_____

_____

_____

_____

_____

_____

_____

_____

_____

_____

LOCATION _____

_____

_____

DESIGN

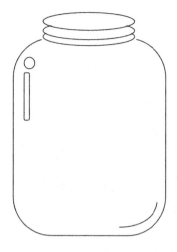

NOTE _____
_____
_____
_____
_____
_____
_____
_____
_____
_____
_____
_____

RATE THIS SPELL ☆☆☆☆☆

SPELL NAME _____ DATE_____

PURPOSE/INTENTION _____

_____

_____

_____

CASTING DATE _____ CASTING TIME_____

MOON PHASE ☐● ☐◑ ☐◐ ☐◖ ☐○ ☐◗ ☐◐ ☐◕

DAY ☐MON ☐TUE ☐WED ☐THU ☐FRI ☐SAT ☐SUN

INGREDIENTS

☐ 1 _____ ☐ 6 _____

☐ 2 _____ ☐ 7 _____

☐ 3 _____ ☐ 8 _____

☐ 4 _____ ☐ 9 _____

☐ 5 _____ ☐10 _____

INSTRUCTION

_____

_____

_____

_____

_____

_____

_____

_____

_____

_____

LOCATION_____

_____

_____

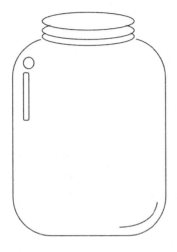

NOTE_____

_____

_____

_____

_____

_____

_____

_____

_____

_____

_____

RATE THIS SPELL ☆☆☆☆☆

SPELL NAME _____ DATE_____

PURPOSE/INTENTION _____

_____

_____

_____

CASTING DATE _____ CASTING TIME_____

MOON PHASE ☐● ☐◑ ☐◑ ☐◐ ☐○ ☐◐ ☐◑ ☐◑

DAY ☐MON ☐TUE ☐WED ☐THU ☐FRI ☐SAT ☐SUN

INGREDIENTS

☐ 1 _____ ☐ 6 _____

☐ 2 _____ ☐ 7 _____

☐ 3 _____ ☐ 8 _____

☐ 4 _____ ☐ 9 _____

☐ 5 _____ ☐10 _____

INSTRUCTION

_____

_____

_____

_____

_____

_____

_____

_____

_____

LOCATION_____

_____

_____

DESIGN

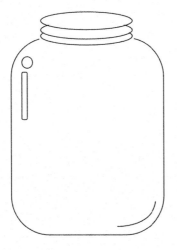

ATE THIS SPELL ☆☆☆☆☆

SPELL NAME _____ DATE _____

PURPOSE/INTENTION _____

_____

_____

_____

CASTING DATE _____ CASTING TIME _____

MOON PHASE ☐● ☐◑ ☐◐ ☐◔ ☐○ ☐○ ☐◑ ☐●

DAY ☐MON ☐TUE ☐WED ☐THU ☐FRI ☐SAT ☐SUN

INGREDIENTS

☐ 1 _____ ☐ 6 _____

☐ 2 _____ ☐ 7 _____

☐ 3 _____ ☐ 8 _____

☐ 4 _____ ☐ 9 _____

☐ 5 _____ ☐ 10 _____

INSTRUCTION

_____

_____

_____

_____

_____

_____

_____

_____

_____

_____

LOCATION _____

_____

_____

DESIGN

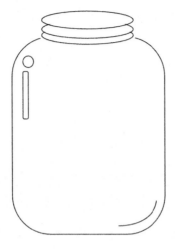

NOTE _____

_____

_____

_____

_____

_____

_____

_____

_____

_____

_____

RATE THIS SPELL ☆☆☆☆☆

SPELL NAME _____ DATE _____

PURPOSE/INTENTION _____

_____

_____

_____

CASTING DATE _____ CASTING TIME _____

MOON PHASE   ☐● ☐◑ ☐◐ ☐◖ ☐○ ☐◗ ☐◑ ☐◐

DAY   ☐MON ☐TUE ☐WED ☐THU ☐FRI ☐SAT ☐SUN

INGREDIENTS

☐ 1 _____   ☐ 6 _____

☐ 2 _____   ☐ 7 _____

☐ 3 _____   ☐ 8 _____

☐ 4 _____   ☐ 9 _____

☐ 5 _____   ☐ 10 _____

INSTRUCTION

_____

_____

_____

_____

_____

_____

_____

_____

_____

_____

LOCATION _____

_____

_____

DESIGN

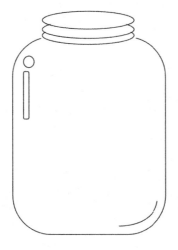

NOTE _____
_____
_____
_____
_____
_____
_____
_____
_____
_____
_____
_____

RATE THIS SPELL   ☆☆☆☆☆

SPELL NAME _____ DATE _____

PURPOSE/INTENTION _____

_____

_____

_____

CASTING DATE _____ CASTING TIME _____

MOON PHASE ☐● ☐◑ ☐◐ ☐◖ ☐○ ☐○ ☐◐ ☐◑

DAY ☐MON ☐TUE ☐WED ☐THU ☐FRI ☐SAT ☐SUN

INGREDIENTS

☐ 1 _____ ☐ 6 _____

☐ 2 _____ ☐ 7 _____

☐ 3 _____ ☐ 8 _____

☐ 4 _____ ☐ 9 _____

☐ 5 _____ ☐ 10 _____

INSTRUCTION

_____

_____

_____

_____

_____

_____

_____

_____

_____

_____

LOCATION _____

_____

_____

DESIGN

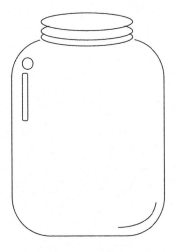

NOTE

ATE THIS SPELL ☆☆☆☆☆

SPELL NAME _____ DATE _____

PURPOSE/INTENTION _____
_____
_____
_____

CASTING DATE _____ CASTING TIME _____

MOON PHASE ☐● ☐◐ ☐◐ ☐◐ ☐○ ☐○ ☐◐ ☐◐

DAY ☐MON ☐TUE ☐WED ☐THU ☐FRI ☐SAT ☐SUN

INGREDIENTS

☐ 1 _____ ☐ 6 _____

☐ 2 _____ ☐ 7 _____

☐ 3 _____ ☐ 8 _____

☐ 4 _____ ☐ 9 _____

☐ 5 _____ ☐ 10 _____

INSTRUCTION

_____
_____
_____
_____
_____
_____
_____
_____
_____
_____

LOCATION _____
_____
_____

DESIGN

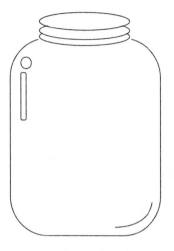

NOTE _____

_____

_____

_____

_____

_____

_____

_____

_____

_____

_____

RATE THIS SPELL ☆☆☆☆☆

SPELL NAME _____ DATE _____

PURPOSE/INTENTION _____
_____
_____
_____

CASTING DATE _____ CASTING TIME _____

MOON PHASE ☐● ☐◐ ☐◐ ☐◐ ☐○ ☐○ ☐◑ ☐◐

DAY ☐MON ☐TUE ☐WED ☐THU ☐FRI ☐SAT ☐SUN

INGREDIENTS

☐ 1 _____ ☐ 6 _____

☐ 2 _____ ☐ 7 _____

☐ 3 _____ ☐ 8 _____

☐ 4 _____ ☐ 9 _____

☐ 5 _____ ☐ 10 _____

INSTRUCTION
_____
_____
_____
_____
_____
_____
_____
_____
_____
_____

LOCATION _____
_____
_____

DESIGN

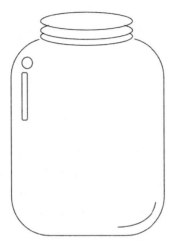

NOTE_____

_____

_____

_____

_____

_____

_____

_____

_____

_____

_____

RATE THIS SPELL ☆☆☆☆☆

SPELL NAME _____ DATE _____

PURPOSE/INTENTION _____

_____

_____

_____

CASTING DATE _____ CASTING TIME _____

MOON PHASE ☐● ☐◐ ☐◑ ☐◔ ☐○ ☐◯ ☐◐ ☐◑

DAY ☐MON ☐TUE ☐WED ☐THU ☐FRI ☐SAT ☐SUN

INGREDIENTS

☐ 1 _____ ☐ 6 _____

☐ 2 _____ ☐ 7 _____

☐ 3 _____ ☐ 8 _____

☐ 4 _____ ☐ 9 _____

☐ 5 _____ ☐10 _____

INSTRUCTION

_____

_____

_____

_____

_____

_____

_____

_____

_____

_____

LOCATION _____

_____

_____

DESIGN

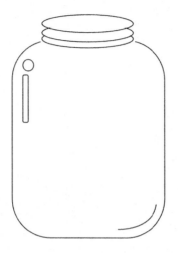

NOTE_____

_____

_____

_____

_____

_____

_____

_____

_____

_____

_____

ATE THIS SPELL ☆☆☆☆☆

SPELL NAME _____ DATE _____

PURPOSE/INTENTION _____

_____

_____

_____

CASTING DATE _____ CASTING TIME _____

MOON PHASE □● □◕ □◑ □◔ □○ □◔ □◑ □◕

DAY □MON □TUE □WED □THU □FRI □SAT □SUN

INGREDIENTS

□ 1 _____   □ 6 _____

□ 2 _____   □ 7 _____

□ 3 _____   □ 8 _____

□ 4 _____   □ 9 _____

□ 5 _____   □ 10 _____

INSTRUCTION

_____

_____

_____

_____

_____

_____

_____

_____

_____

_____

LOCATION _____

_____

_____

DESIGN

NOTE _____
_____
_____
_____
_____
_____
_____
_____
_____
_____
_____
_____

RATE THIS SPELL ☆☆☆☆☆

SPELL NAME _____ DATE _____

PURPOSE/INTENTION _____
_____
_____
_____

CASTING DATE _____ CASTING TIME _____

MOON PHASE ☐● ☐◕ ☐◑ ☐◔ ☐○ ☐◯ ☐◐ ☐◑

DAY ☐MON ☐TUE ☐WED ☐THU ☐FRI ☐SAT ☐SUN

INGREDIENTS

☐ 1 _____   ☐ 6 _____
☐ 2 _____   ☐ 7 _____
☐ 3 _____   ☐ 8 _____
☐ 4 _____   ☐ 9 _____
☐ 5 _____   ☐ 10 _____

INSTRUCTION

_____
_____
_____
_____
_____
_____
_____
_____
_____
_____
_____

LOCATION _____
_____
_____

DESIGN

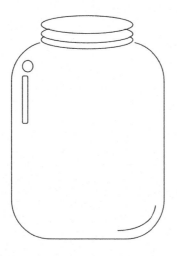

NOTE _____

_____

_____

_____

_____

_____

_____

_____

_____

_____

_____

RATE THIS SPELL ☆☆☆☆☆

SPELL NAME _____ DATE_____

PURPOSE/INTENTION _____
_____
_____
_____

CASTING DATE _____ CASTING TIME_____

MOON PHASE ☐● ☐◑ ☐◑ ☐◐ ☐○ ☐○ ☐◐ ☐◑

DAY ☐MON ☐TUE ☐WED ☐THU ☐FRI ☐SAT ☐SUN

INGREDIENTS

☐ 1 _____   ☐ 6 _____
☐ 2 _____   ☐ 7 _____
☐ 3 _____   ☐ 8 _____
☐ 4 _____   ☐ 9 _____
☐ 5 _____   ☐10 _____

INSTRUCTION
_____
_____
_____
_____
_____
_____
_____
_____
_____
_____

LOCATION _____
_____
_____

DESIGN

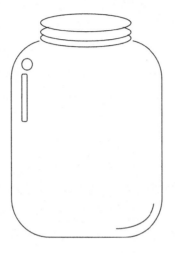

NOTE _____

_____

_____

_____

_____

_____

_____

_____

_____

_____

_____

_____

RATE THIS SPELL   ☆☆☆☆☆
- 97 -

SPELL NAME _____ DATE _____

PURPOSE/INTENTION _____
_____
_____
_____

CASTING DATE _____ CASTING TIME _____

MOON PHASE ☐● ☐◑ ☐◐ ☐◔ ☐○ ☐◔ ☐◑ ☐●

DAY ☐MON ☐TUE ☐WED ☐THU ☐FRI ☐SAT ☐SUN

INGREDIENTS

☐ 1 _____ ☐ 6 _____
☐ 2 _____ ☐ 7 _____
☐ 3 _____ ☐ 8 _____
☐ 4 _____ ☐ 9 _____
☐ 5 _____ ☐ 10 _____

INSTRUCTION
_____
_____
_____
_____
_____
_____
_____
_____
_____
_____

LOCATION _____
_____
_____

DESIGN

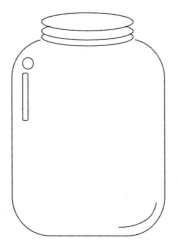

NOTE _____

_____

_____

_____

_____

_____

_____

_____

_____

_____

_____

RATE THIS SPELL ☆☆☆☆☆

SPELL NAME _____ DATE _____

PURPOSE/INTENTION _____

_____

_____

_____

CASTING DATE _____ CASTING TIME _____

MOON PHASE ☐● ☐◐ ☐◐ ☐◑ ☐○ ☐○ ☐◑ ☐●

DAY ☐MON ☐TUE ☐WED ☐THU ☐FRI ☐SAT ☐SUN

INGREDIENTS

☐ 1 _____ ☐ 6 _____

☐ 2 _____ ☐ 7 _____

☐ 3 _____ ☐ 8 _____

☐ 4 _____ ☐ 9 _____

☐ 5 _____ ☐ 10 _____

INSTRUCTION

_____

_____

_____

_____

_____

_____

_____

_____

_____

LOCATION _____

_____

_____

DESIGN

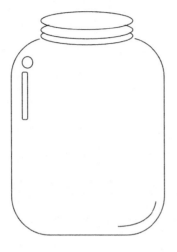

NOTE _____

_____

_____

_____

_____

_____

_____

_____

_____

_____

_____

RATE THIS SPELL ☆☆☆☆☆

SPELL NAME _____ DATE _____

PURPOSE/INTENTION _____

_____

_____

_____

CASTING DATE _____ CASTING TIME _____

MOON PHASE   □●   □◑   □◐   □◖   □○   □◗   □◐   □◑

DAY   □MON □TUE □WED □THU □FRI □SAT □SUN

INGREDIENTS

□ 1 _____   □ 6 _____

□ 2 _____   □ 7 _____

□ 3 _____   □ 8 _____

□ 4 _____   □ 9 _____

□ 5 _____   □ 10 _____

INSTRUCTION

_____

_____

_____

_____

_____

_____

_____

_____

_____

_____

LOCATION _____

_____

_____

DESIGN

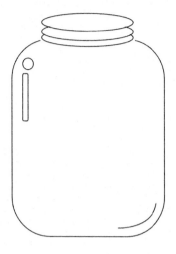

NOTE _____

_____

_____

_____

_____

_____

_____

_____

_____

_____

_____

_____

RATE THIS SPELL ☆☆☆☆☆

SPELL NAME _____ DATE _____

PURPOSE/INTENTION _____

_____

_____

_____

CASTING DATE _____ CASTING TIME _____

MOON PHASE ☐● ☐◑ ☐◐ ☐◖ ☐○ ☐◯ ☐◑ ☐●

DAY ☐MON ☐TUE ☐WED ☐THU ☐FRI ☐SAT ☐SUN

INGREDIENTS

☐ 1 _____ ☐ 6 _____

☐ 2 _____ ☐ 7 _____

☐ 3 _____ ☐ 8 _____

☐ 4 _____ ☐ 9 _____

☐ 5 _____ ☐ 10 _____

INSTRUCTION

_____

_____

_____

_____

_____

_____

_____

_____

_____

_____

LOCATION _____

_____

_____

DESIGN

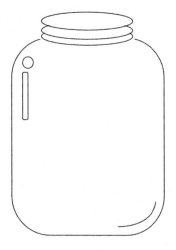

NOTE _____

_____

_____

_____

_____

_____

_____

_____

_____

_____

_____

RATE THIS SPELL ☆☆☆☆☆

SPELL NAME _____ DATE _____

PURPOSE/INTENTION _____
_____
_____
_____

CASTING DATE _____ CASTING TIME _____

MOON PHASE ☐● ☐◑ ☐◐ ☐◑ ☐○ ☐◔ ☐◑ ☐●

DAY ☐MON ☐TUE ☐WED ☐THU ☐FRI ☐SAT ☐SUN

INGREDIENTS

☐ 1 _____ ☐ 6 _____

☐ 2 _____ ☐ 7 _____

☐ 3 _____ ☐ 8 _____

☐ 4 _____ ☐ 9 _____

☐ 5 _____ ☐ 10 _____

INSTRUCTION
_____
_____
_____
_____
_____
_____
_____
_____
_____
_____

LOCATION _____
_____
_____

DESIGN

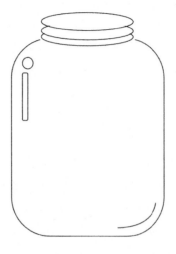

NOTE _____
_____
_____
_____
_____
_____
_____
_____
_____
_____
_____
_____

RATE THIS SPELL   ☆☆☆☆☆

SPELL NAME _____ DATE _____

PURPOSE/INTENTION _____

_____

_____

_____

CASTING DATE _____ CASTING TIME _____

MOON PHASE ☐● ☐◐ ☐◐ ☐◐ ☐○ ☐○ ☐◐ ☐◐

DAY ☐MON ☐TUE ☐WED ☐THU ☐FRI ☐SAT ☐SUN

INGREDIENTS

☐ 1 _____ ☐ 6 _____

☐ 2 _____ ☐ 7 _____

☐ 3 _____ ☐ 8 _____

☐ 4 _____ ☐ 9 _____

☐ 5 _____ ☐10 _____

INSTRUCTION

_____

_____

_____

_____

_____

_____

_____

_____

_____

_____

LOCATION _____

_____

_____

DESIGN

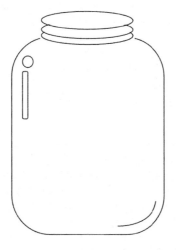

NOTE _____

_____

_____

_____

_____

_____

_____

_____

_____

_____

_____

_____

ATE THIS SPELL ☆☆☆☆☆

SPELL NAME _____ DATE _____

PURPOSE/INTENTION _____

_____

_____

_____

CASTING DATE _____ CASTING TIME _____

MOON PHASE □● □◑ □◐ □◔ □○ □◕ □◑ □●

DAY □MON □TUE □WED □THU □FRI □SAT □SUN

INGREDIENTS

□ 1 _____ □ 6 _____

□ 2 _____ □ 7 _____

□ 3 _____ □ 8 _____

□ 4 _____ □ 9 _____

□ 5 _____ □ 10 _____

INSTRUCTION

_____

_____

_____

_____

_____

_____

_____

_____

_____

_____

LOCATION _____

_____

_____

DESIGN

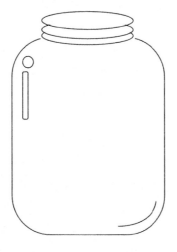

NOTE _____

_____

_____

_____

_____

_____

_____

_____

_____

_____

_____

RATE THIS SPELL ☆☆☆☆☆

SPELL NAME _____ DATE _____

PURPOSE/INTENTION _____
_____
_____
_____

CASTING DATE _____ CASTING TIME _____

MOON PHASE ☐● ☐◑ ☐◑ ☐◐ ☐○ ☐◑ ☐◑ ☐●

DAY ☐MON ☐TUE ☐WED ☐THU ☐FRI ☐SAT ☐SUN

INGREDIENTS

☐ 1 _____ ☐ 6 _____

☐ 2 _____ ☐ 7 _____

☐ 3 _____ ☐ 8 _____

☐ 4 _____ ☐ 9 _____

☐ 5 _____ ☐ 10 _____

INSTRUCTION
_____
_____
_____
_____
_____
_____
_____
_____
_____
_____
_____

LOCATION _____
_____
_____

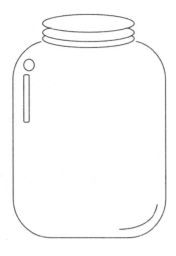

NOTE _____

_____

_____

_____

_____

_____

_____

_____

_____

_____

_____

_____

RATE THIS SPELL ☆☆☆☆☆

SPELL NAME _____ DATE _____

PURPOSE/INTENTION _____

_____

_____

_____

CASTING DATE _____ CASTING TIME _____

MOON PHASE □● □◑ □◐ □◖ □○ □◌ □◐ □◑

DAY □MON □TUE □WED □THU □FRI □SAT □SUN

INGREDIENTS

□ 1 _____ □ 6 _____

□ 2 _____ □ 7 _____

□ 3 _____ □ 8 _____

□ 4 _____ □ 9 _____

□ 5 _____ □10 _____

INSTRUCTION

_____

_____

_____

_____

_____

_____

_____

_____

_____

_____

LOCATION _____

_____

_____

DESIGN

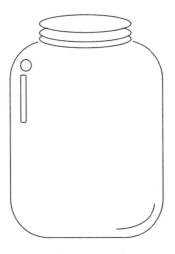

NOTE _____

_____
_____
_____
_____
_____
_____
_____
_____
_____
_____
_____

ATE THIS SPELL   ☆☆☆☆☆

Printed in Great Britain
by Amazon

73554432R00068